Marion Kemper

Cakes

Photographies de Guillaume Czerw

Stylisme d'Emmanuel Renault

Le contenu de cet ouvrage a été publié dans *Tronche de cake*, dans la collection « Toquades » de First.

ISBN : 978-2-7540-3098-4
Dépôt légal : juin 2011
Imprimé en Italie
Photos © Guillaume Czerw
Direction éditoriale : Aurélie Starckmann
Édition : Eugénie Rambaud
Conception graphique : Istria
Pictogramme © Pascale Etchecopar

Éditions First-Gründ
60, rue Mazarine
75006 Paris – France
e-mail : firstinfo@efirst.com
Site internet : www.editionsfirst.fr

Introduction

C'est si facile de réussir un cake ! D'ailleurs, l'un de vos premiers pas en cuisine n'est-il pas associé à un cake au yaourt ? Rappelez-vous cette saveur simple qui n'avait qu'un seul secret : ses bons ingrédients de base.

Choisissez par exemple des œufs de bonne qualité (la suite de chiffres et de lettres sur la coquille doit commencer par un 0 ou un 1. Sinon, élevage intensif garanti !). Préférez des légumes et des fruits mûrs à point, ils n'en seront que plus parfumés. Enfin, n'hésitez pas à remplacer le sempiternel « fromage râpé » par du comté, du beaufort, du fromage de brebis, bref, des fromages plus typés.

Bonne nouvelle : le cake est meilleur froid, car les arômes ont eu le temps de se diffuser dans la pâte. Voilà le meilleur des prétextes pour le préparer à l'avance.

La cuisson dépend beaucoup de votre four et du moule utilisé. Il est prudent d'en vérifier la cuisson avant de le sortir du four. Pour cela, plantez un couteau au cœur du cake. La lame doit ressortir sèche.

Pour un démoulage sans accroc, trois options s'offrent à vous :

- Beurrez le moule, farinez-le un peu. Secouez-le afin d'en recouvrir le fond et les bords puis retournez-le pour en faire tomber l'excédent. Pour plus de sécurité, déposez une feuille de papier sulfurisé dans le fond du moule. Il vous suffira de passer un couteau tout autour du cake et de le retourner.
- Utilisez un moule antiadhésif.
- Utilisez un moule en silicone. Mais attention : pensez à le déposer sur la grille du four *avant* d'y verser la pâte ! Sinon, le moule se plie en deux, la pâte déborde et se répand généralement sur le carrelage de la cuisine...

Voilà, vous savez tout. Alors, à votre moule... prêt ? Enfournez !

Cake à la française

bon marché • facile à réaliser • préparation : 25 min • cuisson : 35 min • pour 8 personnes

1 spatule
1 fouet
1 saladier
1 moule à cake

- 3 œufs
- 12 cl de lait
- 200 g de farine
- 1 sachet de levure
- 9 cl d'huile de tournesol
- 80 g de fromage râpé
- 160 g de petits pois surgelés
- 4 à 5 petits oignons nouveaux avec leur tige bien verte
- 100 g de lardons
- 1 cuil. à café de sel
- poivre

1 Préchauffez le four à 180 °C (th. 6). Coupez les racines et le vert des oignons et coupez très finement 2 à 3 tiges selon leur taille et leur fraîcheur (il vous en faudra environ 5 cuillerées à soupe). Ôtez la première pelure des oignons puis hachez-les.

2 Dans un saladier, cassez les œufs et fouettez-les avec le lait. Ajoutez le sel, du poivre, la farine et la levure. Fouettez puis versez l'huile petit à petit.

3 Ajoutez les petits pois encore gelés, les lardons, le fromage, les oignons et leur vert. Mélangez bien à l'aide d'une spatule ou d'une grande cuillère et versez la pâte dans le moule à cake.

4 Enfournez et laissez cuire 35 minutes environ. Dégustez tiède ou froid.

truc de cuisinier

Préférez des petits pois extra-fins et des lardons allumettes, souvent moins gras que les gros lardons. Si vous n'aimez pas la saveur prononcée des oignons, n'hésitez pas à les faire revenir 2 minutes dans un peu d'huile.

Gare de l'Est
Château d'Eau
Strasbourg St-Denis
Bonne Nouvelle
Réaumur Sébastopol
Arts et Métiers
Temple
Châtelet
Les Halles

Cake au bacon et aux pruneaux

bon marché • facile à réaliser • préparation : 25 min • cuisson : 35 min • pour 8 personnes

1 spatule
1 fouet
1 saladier
1 moule à cake

- 150 g de bacon
- 150 g de pruneaux dénoyautés
- 40 g de cerneaux de noix
- 3 œufs
- 14 cl de lait
- 200 g de farine
- 1 sachet de levure
- 10 cl d'huile de tournesol
- 80 g de gruyère râpé
- 1 cuil. à café de sel
- poivre

1. Préchauffez le four à 180 °C (th. 6). Dénoyautez les pruneaux et découpez-les en tout petits morceaux. Détaillez le bacon en lanières. Concassez grossièrement les noix.

2. Dans un saladier, cassez les œufs et fouettez-les avec le lait. Ajoutez le sel, du poivre, la farine et la levure. Fouettez puis versez l'huile petit à petit.

3. Ajoutez les pruneaux, les noix, le bacon et le fromage. Mélangez bien à l'aide d'une spatule (ou d'une grande cuillère) et versez la pâte dans le moule à cake.

4. Glissez-le au four et laissez cuire 35 minutes environ. Dégustez tiède ou froid.

truc de cuisinier

Si vous ne trouvez pas de bacon, vous pouvez utiliser des lardons. Préférez-les fumés, plus goûteux.

Cake à la ratatouille

bon marché • facile à réaliser • préparation : 15 min • cuisson : 40 min • pour 8 personnes

1 saladier - 1 poêle
1 moule à cake

•250 g de ratatouille
•3 œufs
•180 g de farine •1 sachet de levure •12 cl d'huile végétale •100 g de gruyère râpé •4 cl de lait •1 c. à s. de thym
•1 c. à c. d'herbe de Provence •sel •poivre

Préchauffez le four à 180 °C (th. 6). Si la ratatouille est très liquide (ou surgelée), faites-la réduire dans une poêle à feu vif en mélangeant. Dans un saladier, fouettez les œufs avec le lait puis ajoutez la farine, la levure, 1 pincée de sel, les herbes et du poivre. Versez l'huile. Fouettez doucement puis vivement jusqu'à obtenir une pâte homogène. Ajoutez la ratatouille à la pâte avec le gruyère. Mélangez le tout. Versez la pâte dans un moule à cake et enfournez pour 40 minutes environ. Laissez tiédir 5 minutes dans le moule, démoulez puis laissez complètement refroidir le cake avant de le déguster.

Petits cakes verts aux fèves

bon marché • facile à réaliser • préparation : 15 min • cuisson : 40 min • pour 8 personnes

1 saladier - 1 casserole
8 petits moules à cake

•180 g de fèves surgelées
•4 œufs •5 cl de lait •12 cl d'huile d'olive •200 g de farine •1 sachet de levure
•1 c. à s. bombée de pesto
•2 branches de basilic frais
•40 g de parmesan fraîchement râpé •sel
•poivre

Préchauffez le four à 180 °C (th. 6). Portez 1 litre d'eau à ébullition. Mettez-y les fèves et laissez-les cuire 3 minutes à reprise de l'ébullition. Égouttez-les. Émincez finement le basilic. Dans un saladier, mélangez les œufs, le pesto, le basilic et le lait. Ajoutez la farine et la levure et mélangez. Ajoutez le parmesan puis l'huile. Fouettez bien jusqu'à ce que la pâte soit homogène. Salez, poivrez. Ajoutez les fèves et mélangez. Versez cette pâte dans les moules. Lissez la surface et enfournez pour 40 minutes environ. Laissez reposer hors du four 5 minutes, démoulez et laissez refroidir sur une grille.

Cake aux fines herbes

bon marché • facile à réaliser • préparation : 30 min • cuisson : 35 min • pour 8 personnes

1 fouet
1 saladier
1 poêle
1 spatule
1 moule à cake

- 3 œufs • 12 cl de lait
- 180 g de farine
- 1 sachet de levure
- 10 cl + 2 c. à s. d'huile d'olive
- 100 g de fromage râpé
- 2 oignons rouges
- 1/2 poignée de menthe
- 1/2 poignée de basilic
- 1/2 poignée de coriandre
- 1 poignée de ciboulette
- 1 poignée de persil
- 1 cuil. à café de sel
- piment d'Espelette

1 Préchauffez le four à 180 °C (th. 6). Épluchez les oignons et coupez-les en 2 avant de les émincer en demi-rondelles. Faites chauffer 2 cuillerées à soupe d'huile d'olive dans une poêle. Ajoutez les oignons, couvrez et faites cuire 5 minutes en mélangeant de temps en temps. Retirez le couvercle et poursuivez un peu la cuisson. Les oignons doivent être bien tendres. Retirez-les de la poêle et laissez-les tiédir.

2 Lavez les fines herbes, séchez-les puis effeuillez-les et hachez-les. Dans un saladier, cassez les œufs et fouettez-les avec le lait. Ajoutez le sel, un peu de piment d'Espelette, la farine et la levure. Fouettez à nouveau puis versez l'huile. Remuez doucement puis plus vivement jusqu'à obtenir une pâte homogène.

3 Ajoutez toutes les fines herbes, fouettez bien puis ajoutez le fromage et les oignons. Mélangez à l'aide d'une spatule et versez la pâte dans le moule à cake. Glissez-le au four pour 35 minutes. Faites tiédir le cake dans le moule avant de le démouler et dégustez-le tiède ou froid.

truc de cuisinier

Vous pouvez hacher les herbes avec un grand couteau ou en les déposant dans un verre et en les coupant avec une paire de ciseaux.

Cake au poulet et à l'estragon

bon marché • facile à réaliser • préparation : 35 min • cuisson : 40 min • pour 8 personnes

1 saladier
1 spatule
1 casserole
1 moule à cake

•3 œufs •12,5 cl de lait
•180 g de farine
•1/2 sachet de levure
•10 cl d'huile de tournesol
•180 g de blanc de poulet
•2 c. à s. de crème fraîche
•3 branches d'estragon
•1 cube de bouillon
• 2 c. à s. de baies roses
•sel •poivre

Préchauffez le four à 180 °C (th. 6). Faites chauffer 50 cl d'eau avec le cube de bouillon. Ajoutez le poulet et laissez-le cuire à feu moyen 10 minutes. Égouttez-le, salez et poivrez. Dans un saladier, cassez les œufs et fouettez-les avec le lait et la crème. Ajoutez du sel, la farine et la levure. Mélangez puis versez l'huile petit à petit. Lavez et séchez l'estragon. Effeuillez-le puis émincez-le finement. Détaillez le poulet cuit en petits morceaux et ajoutez-les, avec les baies roses et l'estragon, à la préparation précédente. Mélangez bien et versez la pâte dans le moule à cake. Laissez cuire au four 40 minutes environ. Sortez du four, laissez tiédir 5 minutes dans le moule puis démoulez.

Cake jambon-gruyère

bon marché • facile à réaliser • préparation : 20 min • cuisson : 35 min • pour 8 personnes

1 saladier - 1 spatule
1 moule à cake

•3 œufs •10 cl de lait
•180 g de farine •1 sachet de levure •12 cl d'huile
•150 g de jambon épais
•150 g de fromage râpé
•2 c. à s. de moutarde à l'ancienne •poivre •sel

Préchauffez le four à 180 °C (th. 6). Découpez le jambon en cubes. Dans un saladier, cassez les œufs et fouettez-les avec le lait et la moutarde. Ajoutez le sel, un peu de poivre, la farine et la levure. Fouettez puis versez l'huile petit à petit. Fouettez à nouveau. Ajoutez le jambon et le fromage (gruyère, comté, beaufort...). Mélangez bien et versez la pâte dans le moule à cake. Enfournez et laissez cuire 35 minutes environ. Sortez du four, laissez tiédir dans le moule puis démoulez.

Cake chèvre-courgette

bon marché • facile à réaliser • préparation : 20 min • cuisson : 45 min • pour 8 personnes

1 saladier
1 spatule
1 poêle
1 moule à cake

- 3 œufs
- 150 g de farine
- 1 sachet de levure
- 12,5 cl de lait
- 8 cl + 2 c. à s. d'huile d'olive
- 100 g de gruyère râpé
- 200 g de chèvre
- 1 courgette ferme
- 1/2 bouquet de menthe
- sel
- poivre

1. Préchauffez le four à 180 °C (th. 6). Lavez, séchez et détaillez la courgette en morceaux pas trop gros, sans l'éplucher. Faites chauffer 2 cuillerées à soupe d'huile dans une poêle. Jetez-y la courgette et laissez dorer à feu moyen pendant 5 minutes en mélangeant souvent.
2. Coupez le fromage de chèvre en morceaux. Effeuillez la menthe et émincez-la. Faites tiédir le lait.
3. Dans un saladier, fouettez les œufs, la farine et la levure. Salez, poivrez. Incorporez petit à petit le lait et enfin l'huile. Fouettez bien.
4. Ajoutez le gruyère râpé. Mélangez à l'aide d'une grande cuillère ou d'une spatule. Incorporez les morceaux de courgette et de chèvre ainsi que la menthe ciselée. Mélangez une dernière fois. Versez le tout dans un moule à cake et glissez-le au four pour 45 minutes.

truc de cuisinier

Les bûchettes de chèvre sont parfaites pour cette recette.

Cake au poulet curry

bon marché • facile à réaliser • préparation : 35 min • cuisson : 45 min • pour 8 personnes

1 spatule
1 saladier
1 casserole
1 moule à cake

- 3 œufs
- 12,5 cl de lait
- 180 g de farine
- 1/2 sachet de levure
- 10 cl d'huile de tournesol
- 180 g de blanc de poulet
- 100 g de petit pois surgelés
- 1 cube de bouillon
- 1 cuil. à soupe de curry en poudre
- sel

1 Préchauffez le four à 180 °C (th. 6). Découpez le poulet en 3 morceaux. Faites chauffer 1/2 l d'eau avec le bouillon. Ajoutez le poulet et laissez-le cuire à feu moyen 10 minutes. Égouttez-le et déposez-le sur une assiette puis salez légèrement.

2 Dans un saladier, cassez les œufs et fouettez-les avec le lait. Ajoutez le curry, du sel, la farine et la levure. Fouettez puis versez l'huile petit à petit sans cesser de battre.

3 Détaillez le poulet cuit en petits morceaux et ajoutez-les, avec les petits pois, à la préparation précédente. Mélangez bien et versez la pâte dans le moule à cake.

4 Enfournez et laissez cuire 45 minutes environ. Laissez tiédir avant de démouler. Dégustez tiède ou froid.

truc de cuisinier

Cuire le poulet dans le bouillon permet de le garder bien moelleux. Si vous utilisez des restes de poulet déjà cuit, rajouter 1 à 2 cuillerées à soupe de lait ou de jus de poulet.

Cake crabe-ciboulette

coût moyen • facile à réaliser • préparation : 15 min • cuisson : 40 min • pour 8 personnes

1 spatule - 1 batteur électrique - 1 saladier - 1 moule à cake

•3 œufs •180 g de farine
•1 sachet de levure
•200 g de crabe en boîte
•1 noix de gingembre frais •12 cl d'huile végétale •1 citron
•100 g de fromage frais
•quelques brins de ciboulette
• sel •poivre

Préchauffez le four à 180 °C (th. 6). Effritez la chair de crabe. Émincez la ciboulette. Épluchez et émincez très finement le gingembre. Râpez le zeste du citron et pressez le jus. Dans un saladier, à l'aide d'un batteur électrique, fouettez le fromage frais. Ajoutez les œufs, le jus et le zeste de citron, fouettez puis ajoutez la farine, la levure, 1 pincée de sel et du poivre. Fouettez vivement. Versez l'huile. Fouettez doucement puis vivement jusqu'à obtenir une pâte homogène. Ajoutez la chair de crabe, la ciboulette et le gingembre. Mélangez. Versez la pâte dans un moule à cake et glissez-le au four pour 40 minutes environ. Servez tiède ou froid.

Cake aux endives, gouda et cumin

bon marché • facile à réaliser • préparation : 20 min • cuisson : 45 min • pour 8 personnes

1 fouet - 1 saladier - 1 poêle - 1 moule à cake

•180 g de farine
•1 sachet de levure
•3 œufs •10 cl de lait
•10 cl + 1 c. à s. d'huile végétale •150 g de gouda
•2 endives
•1 c. à s. de graines de cumin •1 c. à c. de sucre
•sel •poivre

Préchauffez le four à 180 °C (th. 6). Émincez les endives en fines rondelles et faites-les cuire avec 1 cuillerée à soupe d'huile dans une poêle à feu moyen et à couvert pendant 3 minutes. Ajoutez le sucre et poursuivez la cuisson 2 minutes à découvert. Dans un saladier, fouettez les œufs avec le lait, du sel, du poivre, le cumin, la farine et la levure. Fouettez puis versez l'huile. Battez à nouveau. Découpez le gouda en petits cubes. Ajoutez-le au mélange avec les endives. Mélangez bien et versez la pâte dans le moule à cake. Enfournez et laissez cuire 40 minutes environ. Sortez du four, laissez tiédir puis démoulez.

Cake au saumon et asperges

bon marché • facile à réaliser • préparation : 35 min • cuisson : 40 min • pour 8 personnes

1 spatule
1 saladier
1 casserole
1 poêle
1 moule à cake

- 6 asperges vertes
- 3 œufs
- 10 cl de lait
- 180 g de farine
- 1 sachet de levure
- 5 cl + 1 c. à s. d'huile de tournesol
- 5 cl d'huile de courge
- 1 c. à s. d'aneth
- 60 g de fromage de chèvre frais
- 1 pavé de saumon frais de 200 g
- 1 citron non traité
- sel • poivre

1 Préchauffez le four à 180 °C (th. 6). Épluchez les asperges, coupez-les en tronçons et plongez les morceaux de tiges 5 minutes dans de l'eau bouillante salée. Égouttez-les. Faites chauffer 1 cuillerée à soupe d'huile dans une poêle, ajoutez les pointes et les tiges d'asperges précuites et faites-les sauter 5 minutes à feu moyen. Retirez-les du feu.

2 Découpez le saumon en petits morceaux. Lavez et séchez le citron puis râpez-en le zeste. Pressez le jus d'une moitié.

3 Écrasez le chèvre à la fourchette. Dans un saladier, fouettez les œufs avec le lait puis ajoutez le chèvre, le zeste et le jus de citron. Fouettez avant de verser la farine, la levure, 1 pincée de sel et l'aneth. Poivrez et fouettez. Versez les huiles. Fouettez doucement puis vivement jusqu'à obtenir une pâte homogène.

4 Ajoutez le saumon et les asperges, mélangez délicatement à l'aide d'une spatule. Versez la pâte dans un moule à cake et glissez-le au four pour 40 minutes environ. Servez tiède ou froid.

truc de cuisinier

Il n'est pas utile de précuire le saumon, qui cuira très bien dans le cake.

Cake à la feta, poivron et olives

bon marché • facile à réaliser • préparation : 35 min • cuisson : 40 min • pour 8 personnes

1 saladier
1 spatule - 1 poêle
1 moule à cake

- 3 œufs • 12,5 cl de lait
- 180 g de farine
- 1 sachet de levure
- 8 cl + 3 c. à s. d'huile d'olive
- 80 g de gruyère râpé
- 2 poivrons rouges
- 160 g de feta
- 15 olives noires dénoyautées
- sel • poivre

Lavez les poivrons et coupez-les en petits cubes. Faites chauffer les 3 cuillerées à soupe d'huile dans une poêle. Ajoutez les poivrons et laissez-les revenir à feu moyen 10 minutes environ, en mélangeant souvent. Préchauffez le four à 180 °C (th. 6). Coupez la feta en dés et les olives noires en petits morceaux. Dans un grand saladier, battez les œufs et le lait. Salez, poivrez. Ajoutez la farine et la levure. Fouettez puis versez l'huile. Fouettez à nouveau jusqu'à obtenir une pâte homogène. Ajoutez le gruyère râpé, les cubes de feta et les olives. Mélangez délicatement puis incorporez les poivrons tiédis. Versez la préparation dans un moule et glissez-le au four pour 40 minutes environ.

Cake normand

bon marché • facile à réaliser • préparation : 15 min • cuisson : 40 min • pour 8 personnes

1 spatule - 1 saladier - 1 moule à cake

- 100 g de pont-l'évêque (avec la croûte) • 3 œufs
- 12,5 cl de lait • 180 g de farine • 1 sachet de levure
- 10 cl d'huile • 1 pomme
- 100 g de gruyère râpé
- 50 g de lardons • 1 c. à s. de calvados • sel • poivre

Préchauffez le four à 180 °C (th. 6). Découpez le fromage en morceaux. Dans un saladier, fouettez les œufs avec le lait puis ajoutez la farine, la levure, un peu de sel. Poivrez et fouettez. Versez l'huile, remuez doucement puis vivement. Lavez la pomme et râpez-la. Ajoutez-la à la pâte avec le gruyère, le pont-l'évêque, les lardons et le calvados. Mélangez le tout. Versez la pâte dans un moule à cake et mettez-le au four pendant 40 minutes. Servez tiède ou froid.

CAKE

Cake à la pancetta, parmesan et roquette

bon marché • facile à réaliser • préparation : 20 min • cuisson : 35 min • pour 6 à 8 personnes

1 spatule
1 saladier
1 moule à cake

- 80 g de pancetta
- 2 poignées de roquette
- 50 g de parmesan
- 50 g de fromage râpé
- 3 œufs
- 4 cuil. à soupe de lait
- 150 g de farine
- 2 cuil. à café rases de levure
- 10 cuil. à soupe d'huile d'olive
- 2 cuil. à soupe de cumin en grains
- sel • poivre

1. Préchauffez le four à 180 °C (th. 6). Découpez la pancetta en lamelles. Coupez les tiges de la roquette si elles sont grosses puis émincez grossièrement les feuilles.

2. Dans un saladier, fouettez les œufs avec le lait, le cumin et le parmesan. Ajoutez la farine, la levure, un peu de sel et du poivre. Fouettez. Versez l'huile. Remuez doucement puis vivement jusqu'à obtenir une pâte homogène.

3. Ajoutez la pancetta à la pâte avec la roquette et le fromage râpé. Mélangez le tout à l'aide d'une spatule.

4. Versez la pâte dans un moule à cake et glissez-le au four pour 35 minutes environ. Laissez tiédir dans le moule, démoulez. Dégustez tiède ou froid.

truc de cuisinier

Salez plus ou moins selon le lard choisi. Certains le sont déjà très fortement. Si votre cake est trop salé, proposez-le avec un peu de fromage blanc de campagne ou de la faisselle.

Cake au chèvre, noix et raisins

bon marché • facile à réaliser • préparation : 15 min • cuisson : 40 min • pour 8 personnes

1 spatule
1 fouet
1 saladier
1 moule à cake

- 3 œufs
- 10 cl de lait
- 180 g de farine
- 1 sachet de levure
- 12 cl d'huile végétale
- 80 g de gruyère râpé
- 200 g de chèvre en bûche
- 60 g de noix
- 50 g de raisins secs (de Corinthe)
- sel
- poivre

1 Préchauffez le four à 180 °C (th. 6). Découpez le chèvre en morceaux.

2 Dans un saladier, fouettez les œufs avec le lait puis ajoutez la farine, la levure, 1 pincée de sel. Poivrez et fouettez vivement. Versez l'huile. Fouettez doucement puis vivement jusqu'à obtenir une pâte homogène.

3 Concassez les noix. Ajoutez-les à la pâte avec le gruyère, le chèvre et les raisins. Mélangez le tout.

4 Versez la pâte dans un moule à cake et glissez-le au four pour 40 minutes environ. Servez tiède ou froid.

truc de cuisinier

Faites tremper les raisins dans un peu d'eau tiède s'ils sont trop secs. Les raisins blonds sont plus moelleux mais souvent moins parfumés.

Cake à l'huile d'olive

bon marché • facile à réaliser • préparation : 15 min • cuisson : 35 min • pour 8 personnes

1 saladier - 1 spatule
1 batteur électrique
1 casserole
1 moule à cake

- 2 c. à s. de fromage blanc
- 140 g + 2 c. à s. de sucre
- 3 œufs
- 240 g de farine
- 1 sachet de levure
- 14 cl d'huile d'olive
- 1 citron jaune
- 2 c. à s. de miel liquide

Préchauffez le four à 180 °C (th. 6). Lavez le citron, râpez le zeste et pressez le jus. Dans une petite casserole, faites fondre les 2 cuillerées à soupe de sucre dans le jus du citron. Fouettez les œufs au batteur avec le fromage blanc, puis le sucre. Ajoutez le miel, le zeste de citron et fouettez à nouveau. Mettez alors la farine et la levure. Fouettez doucement puis vivement jusqu'à obtenir une pâte homogène. Versez l'huile d'olive, sans cesser de battre. Versez la pâte dans un moule et enfournez pour 35 minutes environ. Dès la sortie du four, badigeonnez le dessus du cake avec le jus de citron sucré. Laissez tiédir puis démoulez. Dégustez froid.

Comme un pain d'épices

bon marché • assez facile à réaliser • préparation : 20 min • cuisson : 45 min • pour 8 personnes

2 saladiers - 1 spatule - 1 casserole - papier sulfurisé - 1 moule à cake

•300 g de farine •50 g de sucre roux •2 c. à c. de mélange pour pain d'épices •1 c. à c. de levure •1 c. à c. de bicarbonate •1 grosse pincée de sel •13 cl de miel liquide • 60 g de beurre •200 g de bonne confiture d'orange

Préchauffez le four à 150 °C (th. 5). Dans un grand saladier, mélangez la farine, le sucre, les épices, la levure, le bicarbonate et le sel. Faites fondre le beurre. Portez 13 cl d'eau à la limite de l'ébullition. Dans un autre saladier, versez le miel, l'eau chaude, la confiture d'orange et le beurre fondu. Mélangez doucement puis vivement. Ajoutez progressivement le mélange farine-levure du bol et fouettez jusqu'à ce que la pâte soit homogène. Beurrez un moule à cake et recouvrez de papier sulfurisé. Versez la pâte dans le moule et enfournez pour 45 minutes.

Huile d'olive
Pain d'épices

Cake aux pommes et au romarin

bon marché • facile à réaliser • préparation : 25 min • cuisson : 40 min • pour 8 personnes

1 saladier
1 spatule
1 moule à cake

- 3 pommes
- 120 g de beurre
- 4 œufs
- 150 g de sucre
- 150 g de farine
- 1/2 sachet de levure
- 1 c. à c. de romarin frais (ou 1 c. à s. de romarin sec)
- 1 citron non traité bio

1 Préchauffez-le four à 180 °C (th. 6). Faites fondre le beurre. Effeuillez le romarin et hachez-le aussi finement que possible.

2 Dans un saladier, fouettez le sucre et les œufs. Versez la farine et la levure. Fouettez puis ajoutez le beurre fondu et le romarin. Mélangez bien.

3 Lavez, séchez le citron et râpez-en le zeste. Épluchez les pommes, ôtez le cœur, les pépins et coupez-les en petits morceaux. Ajoutez-les à la pâte avec le zeste de citron. Mélangez à l'aide d'une spatule.

4 Beurrez un moule à cake, saupoudrez-le de sucre puis versez-y la pâte. Glissez le gâteau au four et faites-le cuire 40 minutes environ. Sortez-le du four, laissez-le refroidir dans le moule pour qu'il reste bien moelleux.

truc de cuisinier

Le gâteau sera encore plus moelleux si vous le dégustez le lendemain. Les arômes de romarin se seront développés.

Mini-cakes aux poires et gingembre confit

bon marché • facile à réaliser • préparation : 20 min • cuisson : 20 min • pour 6 personnes

1 saladier
1 spatule
6 petits moules à cake

- 1 petite poire
- 20 g de gingembre confit
- 1 œuf
- 65 g de sucre
- 30 g de beurre
- 150 g de crème fraîche épaisse
- 120 g de farine
- 3/4 de sachet de levure
- sel

1 Préchauffez le four à 180 °C (th. 6). Faites fondre le beurre. Dans un saladier, fouettez l'œuf avec le sucre. Ajoutez la crème, 1 pincée de sel puis le beurre. Fouettez. Ajoutez la farine et la levure et fouettez à nouveau.

2 Détaillez le gingembre en très petits morceaux. Épluchez la poire, ôtez le cœur et découpez-la en petits morceaux.

3 Ajoutez poire et gingembre à la préparation et mélangez à l'aide d'une spatule (ou d'une grande cuillère).

4 Répartissez la pâte dans les petits moules et glissez-les au four pour 20 minutes. Sortez-les du four et laissez reposer 5 à 10 minutes avant de démouler et de laisser complètement refroidir sur une grille.

truc de cuisinier

Le gingembre confit se trouve dans les magasins asiatiques mais aussi chez les traiteurs asiatiques, avec les desserts. 20 g équivalent à une grosse noix. Ajustez la cuisson selon la taille des moules.

Cake au miel et aux noix

bon marché • facile à réaliser • préparation : 20 min • cuisson : 40 min • pour 6 à 8 personnes

2 saladiers
1 spatule
1 batteur électrique
1 moule à cake

- 4 œufs
- 70 g de sucre
- 4 cuil. à soupe de miel
- 180 g de beurre
- 230 g de farine
- 1 cuil. à café de levure
- 100 g de cerneaux de noix concassés
- sel

1 Préchauffez le four à 180 °C (th. 6). Faites fondre le beurre. Séparez le blanc des jaunes d'œufs. Fouettez ensemble les jaunes d'œufs, le sucre et le beurre. Ajoutez le miel et fouettez à nouveau.

2 Versez la farine, la levure et 1 pincée de sel, mélangez.

3 Battez les blancs d'œufs en neige ferme puis incorporez-les délicatement à la pâte.

4 Ajoutez les noix, mélangez puis versez dans un moule à cake. Glissez-le au four et faites cuire 40 minutes environ.

truc de cuisinier

Si le miel n'est pas assez liquide, faites-le fondre un peu au bain-marie (c'est-à-dire dans un bol posé sur une casserole avec un peu d'eau frémissante) ou doucement au micro-ondes. Préférez des noix biologiques ; vous éviterez ainsi le côté rance ou « ammoniaque » de certains cerneaux.

Cake à la pistache et fleur d'oranger

bon marché • facile à réaliser • préparation : 15 min • cuisson : 40 min • pour 8 personnes

1 saladier - 1 fouet
1 robot ménager
1 moule à cake

•100 g de pistaches émondées et non salées
•2 œufs •110 g de beurre
•150 g de farine
•1 sachet de levure
•130 g de sucre
•2 c. à s. de fromage blanc •4 c. à s. d'eau de fleur d'oranger

Préchauffez le four à 180 °C (th. 6). Déposez les pistaches dans le bol d'un robot avec 1 cuillerée à soupe de farine et mixez afin de les concasser. Dans un saladier, fouettez les œufs et le yaourt, puis ajoutez le sucre et la fleur d'oranger. Fouettez à nouveau avant d'ajouter la farine restante et la levure. Fouettez. Versez le beurre fondu dans la pâte. Remuez doucement puis vivement jusqu'à obtenir une pâte homogène. Ajoutez les pistaches concassées puis versez dans le moule. Glissez le cake au four 40 minutes. Laissez tiédir 10 minutes dans le moule puis démoulez. Servez froid.

Cake au chocolat

bon marché • facile à réaliser • préparation : 15 min • cuisson : 35 min • pour 8 personnes

2 saladiers - 1 fouet
1 batteur électrique
1 moule à cake

•30 g de cacao amer
•2 œufs
•60 g de beurre fondu
•35 g de farine
•1 cuil. à café de levure
•90 g de sucre roux
•6 cl de crème fraîche liquide

Préchauffez le four à 160 °C (th. 5/6). Tamisez le cacao. Faites fondre le beurre. Séparez le blanc des jaunes d'œufs. Dans un saladier, fouettez les jaunes avec le sucre, puis la crème. Ajoutez la farine, la levure, le cacao et remuez à nouveau. Versez le beurre dans la pâte. Fouettez doucement puis vivement. Battez les blancs en neige ferme puis incorporez-les délicatement au mélange au chocolat. Versez la pâte dans le moule. Glissez le cake au four 35 minutes. Laissez-le refroidir dans le moule avant de le servir.

Mini-cakes au cœur chocolat

bon marché • facile à réaliser • préparation : 15 min • cuisson : 15 à 20 min • pour 8 personnes

2 saladiers
1 fouet
1 spatule
8 petits moules à cake

- 100 g de chocolat
- 2 cuil. à soupe de crème fraîche liquide
- 2 œufs
- 120 g de sucre
- 1 sachet de sucre vanillé
- 4 cuil. à soupe de lait
- 200 g de farine
- 1/2 sachet de levure
- 160 g de beurre

1. Préchauffez le four à 210 °C (th. 7). Cassez le chocolat afin d'obtenir des carrés. Faites-les fondre au micro-ondes puis ajoutez la crème. Mélangez bien afin d'avoir une crème onctueuse.

2. Dans un autre saladier, fouettez les œufs avec les sucres et le lait. Ajoutez la farine et la levure. Fouettez vivement. Faites fondre le beurre puis versez-le dans la pâte. Mélangez une dernière fois.

3. Remplissez chaque mini-moule à moitié. Déposez 1 cuillerée à café de chocolat fondu au milieu puis recouvrez d'un peu de pâte afin de remplir les moules aux 3/4.

4. Enfournez pour 15 à 20 minutes environ.

truc de cuisinier

Vous pouvez concasser un peu de chocolat et en parsemer le dessus de chaque cake.

Cake d'automne

bon marché • facile à réaliser • préparation : 20 min • cuisson : 45 min • pour 8 personnes

1 saladier
1 fouet
1 spatule
1 économe
1 râpe
1 moule à cake

- 200 g de mirabelles
- 1 grosse pomme
- 1 poire
- 160 g de sucre roux ou de cassonade
- 3 œufs
- 180 g de farine
- 1 sachet de levure
- 150 g de beurre
- 1/2 cuil. à café de cannelle

1 Préchauffez le four à 180 °C (th. 6). Dans un saladier, fouettez les œufs et le sucre. Ajoutez la farine, la levure, la cannelle et fouettez à nouveau. Faites fondre le beurre et ajoutez-le petit à petit dans la pâte. Remuez doucement puis vivement.

2 Lavez et séchez les fruits. Épluchez la pomme et la poire, puis coupez-les en 4. Ôtez le cœur et les pépins. Coupez la poire en petits morceaux. Râpez la pomme à la râpe à gros trous. Coupez les prunes en 2, ôtez le noyau puis coupez-les encore en 2 ou 3 selon leur taille.

3 Ajoutez les fruits à la pâte, mélangez peu et délicatement puis versez immédiatement dans le moule.

4 Glissez le cake au four et faites-le cuire 45 minutes environ. Laissez tiédir 10 minutes dans le moule puis démoulez sur une grille. Laissez refroidir le cake avant de le déguster.

truc de cuisinier

Râpée, la pomme apporte du moelleux. Si vous n'avez pas de râpe, découpez-la en petits morceaux. La cassonade donne une saveur plus typée.

Mini-cakes au thé vert

bon marché • facile à réaliser • préparation : 15 min • cuisson : 15 à 20 min • pour 8 personnes

1 saladier
1 fouet
1 spatule
1 râpe
8 petits moules à cake

- 2 œufs
- 4 cuil. à soupe de lait
- 120 g de sucre
- 130 g de farine
- 1/2 sachet de levure
- 50 g de beurre
- 7 cl d'huile d'olive
- 1 citron non traité
- 1 cuil. à café de thé vert en poudre (matcha)

1 Préchauffez le four à 180 °C (th. 6). Dans un saladier, fouettez les œufs avec le lait et le sucre.

2 Lavez, séchez le citron puis, à l'aide d'une râpe, râpez-en le zeste au-dessus du saladier. Pressez une cuillerée à soupe de jus de citron et versez-la dans le saladier. Ajoutez la farine, le thé, la levure. Fouettez vivement.

3 Faites fondre le beurre puis versez-le, avec l'huile, sur le mélange précédent. Remuez doucement puis plus vivement afin de bien incorporer les matières grasses.

4 Versez la pâte dans les petits moules et glissez-les au four pour 15 à 20 minutes.

truc de cuisinier

Veillez à ne pas râper la partie blanche du citron qui est amère.

Cake marbré au Nut'

bon marché • facile à réaliser • préparation : 10 min • cuisson : 40 min • pour 8 personnes

2 saladiers - 1 fouet
1 spatule - 1 moule à cake

•3 c. à s. de pâte à tartiner au chocolat
•3 œufs
•1 pot de yaourt •3 pots de farine •2 pots de sucre •1 sachet de sucre vanillé •1/2 pot d'huile végétale •1/2 sachet de levure •1 pincée de sel

Préchauffez le four à 180 °C (th. 6). Cassez les œufs dans un saladier. Ajoutez le yaourt, mélangez puis versez les sucres, le sel et fouettez vivement. Ajoutez la farine et la levure, fouettez. Versez l'huile. Mélangez d'abord doucement puis plus vivement.

Versez la moitié de la pâte dans un deuxième saladier. Ajoutez-y la pâte à tartiner. Mélangez bien. Alternez pâte nature et au chocolat dans le moule afin d'obtenir des marbrures. Enfournez pour 40 minutes environ. Laissez tiédir 10 minutes puis démoulez sur une grille. Laissez refroidir, puis servez avec un thé ou un chocolat chaud.

Cake à la banane

bon marché • facile à réaliser • préparation : 15 min • cuisson : 40 min • pour 8 personnes

1 saladier
1 fouet - 1 spatule
1 moule à cake

•3 bananes mûres
•2 œufs
•100 g de beurre
•200 g de farine
•1 sachet de levure
•125 g de sucre roux
•1/2 cuil. à café de vanille liquide

Préchauffez le four à 180 °C (th. 6). Épluchez les bananes et écrasez-les à la fourchette. Faites fondre le beurre. Dans un saladier, fouettez les œufs, le sucre et la vanille. Ajoutez la farine, la levure et fouettez à nouveau.

Versez le beurre dans la pâte. Remuez doucement puis vivement. Ajoutez à la pâte les bananes écrasées, mélangez puis versez dans le moule. Enfournez pour 40 minutes environ. Laissez refroidir 15 minutes puis démoulez. Servez froid avec un thé ou un chocolat chaud.

Cake amandine à l'abricot

bon marché • facile à réaliser • préparation : 10 min • cuisson : 40 min • pour 8 personnes

1 saladier
1 batteur électrique
1 spatule
1 moule à cake

- 8 beaux abricots
- 3 œufs
- 1 pot de yaourt
- 2 pots de sucre
- 1 pot de poudre d'amandes
- 2 cuil. à soupe d'amandes effilées
- 1 sachet de sucre vanillé
- 2 pots de farine
- 1/2 sachet de levure
- 1/2 pot d'huile végétale
- 1 pincée de sel

1 Préchauffez le four à 180 °C (th. 6). Lavez et ôtez le noyau des abricots, coupez-les en morceaux.

2 Cassez les œufs dans un saladier. Ajoutez le yaourt, mélangez puis versez les sucres, la poudre d'amandes, 1 pincée de sel et fouettez vivement. Ajoutez la farine et la levure, fouettez. Versez l'huile. Mélangez d'abord doucement puis plus vivement.

3 Ajoutez les abricots et les amandes effilées, mélangez à l'aide d'une spatule puis versez la pâte dans un moule à cake ou à manqué.

4 Glissez-le au four pour 40 minutes environ. Laissez tiédir, démoulez sur une grille puis laissez refroidir avant de déguster.

truc de cuisinier

Passez les amandes effilées quelques minutes sous le gril du four afin de les faire torréfier. Cela relève les arômes. Attention à ne pas les laisser trop brunir, elles deviendraient amères.

Cake orange

bon marché • facile à réaliser • préparation : 20 min • cuisson : 40 min • pour 8 personnes

1 saladier
1 fouet
1 spatule
1 râpe
1 presse-agrume
1 moule à cake

- 1 orange (non traitée ou bio)
- 3 œufs
- 160 g de sucre
- 160 g de farine
- 1/2 sachet de levure
- 150 g de beurre
- 1 cuil. à soupe de Grand Marnier ou de Cointreau
- 2 cuil. à soupe d'oranges confites

1. Préchauffez le four à 180 °C (th. 6). Lavez l'orange et séchez-la. Râpez finement le zeste de l'orange et pressez son jus.

2. Dans un saladier, fouettez les œufs et le sucre. Ajoutez la farine, la levure et fouettez à nouveau. Faites fondre le beurre et ajoutez-le petit à petit dans la pâte. Remuez doucement puis vivement.

3. Versez le jus de l'orange et le Grand Marnier. Ajoutez le zeste, fouettez. Si les oranges confites ne sont pas déjà taillées en petits cubes, faites-le puis mettez-en les 3/4 dans la pâte.

4. Versez la pâte dans le moule, parsemez du reste d'oranges confites puis glissez le cake au four et faites-le cuire 40 minutes environ.

truc de cuisinier

Servez ce cake avec une salade d'oranges : pelez à vif (c'est-à-dire en retirant l'écorce et la peau blanche) 5 oranges puis détaillez-les en rondelles. Déposez-les dans un saladier, ajoutez 2 cuillerées à soupe de sucre et, si vous aimez, un peu d'eau de fleur d'oranger.

Cake aux fruits rouges ou jaunes

bon marché • facile à réaliser • préparation : 20 min • cuisson : 45 min • pour 8 personnes

1 saladier
1 fouet
1 spatule
1 moule à cake

- 300 g de fruits rouges ou jaunes mélangés, frais ou surgelés
- 3 œufs
- 150 g de sucre roux
- 150 g de beurre
- 180 g de farine
- 1 sachet de levure
- cassonade

1. Préchauffez le four à 180 °C (th. 6). Si les fruits sont frais, lavez-les, séchez-les, triez-les ou enlevez les noyaux selon les fruits. Coupez les plus gros en morceaux d'1 à 2 cm. S'ils sont surgelés, laissez-les au congélateur.

2. Dans un saladier, fouettez les œufs et le sucre. Ajoutez la farine, la levure et fouettez à nouveau. Faites fondre le beurre et ajoutez-le petit à petit dans la pâte. Remuez doucement puis vivement.

3. Beurrez un moule à cake et saupoudrez-le de cassonade. Ajoutez les fruits dans la pâte, mélangez peu et délicatement, puis versez immédiatement dans le moule. Glissez le cake au four, baissez la température à 170 °C (th. 5/6) et faites-le cuire 45 minutes environ.

4. Laissez tiédir 15 minutes dans le moule puis démoulez sur une grille. Laissez refroidir avant de déguster.

truc de cuisinier

En matière de fruits, tout est possible. Préférez-les mûrs, donc plus sucrés, car ils auront plus de goût. Le sucre roux apporte une saveur plus « rustique » à ce cake mais vous pouvez très bien utiliser du sucre en poudre classique. Un peu de vergeoise (sucre brun foncé) donnera encore une saveur différente.

Cake aux myrtilles et farine de châtaigne

bon marché • facile à réaliser • préparation : 20 min • cuisson : 45 min • pour 8 personnes

1 saladier - 1 fouet
1 spatule
1 moule à cake

- 250 g de myrtilles surgelées
- 3 œufs
- 150 g de sucre roux
- 100 g de farine
- 80 g de farine de châtaigne
- 1 sachet de levure
- 150 g de beurre
- cassonade

Préchauffez le four à 170 °C (th. 5/6). Dans un saladier, fouettez les œufs et le sucre. Ajoutez les farines, la levure et fouettez à nouveau. Faites fondre le beurre et ajoutez-le à la pâte. Remuez doucement puis vivement. Beurrez un moule à cake et saupoudrez-le de cassonade.

Ajoutez les myrtilles dans la pâte, mélangez peu et délicatement, puis versez immédiatement dans le moule. Glissez le cake au four et faites-le cuire 45 minutes environ. Laissez tiédir 15 minutes dans le moule puis démoulez sur une grille. Laissez refroidir avant de déguster.

Cake nectarine et groseilles

bon marché • facile à réaliser • préparation : 25 min • cuisson : 35 min • pour 8 personnes

1 saladier - 1 fouet
1 spatule
1 moule à cake

- 150 g de groseilles
- 1 nectarine
- 3 œufs
- 125 g de sucre
- 150 g de farine
- 1 sachet de levure
- 125 g de beurre

Préchauffez le four à 180 °C (th. 6). Égrenez les groseilles. Coupez la nectarine en petits morceaux. Fouettez les œufs et le sucre. Ajoutez la farine et la levure. Fouettez vivement. Faites fondre le beurre puis versez-le dans la pâte.

Remuez doucement puis plus rapidement jusqu'à obtenir une pâte homogène. Ajoutez les fruits, mélangez peu et délicatement afin de ne pas les abîmer. Versez la pâte dans le moule et glissez-le au four pour 35 minutes environ.

DOLE-VILL
PARIS

Cake au pavot et au citron vert

bon marché • facile à réaliser • préparation : 25 min • cuisson : 35 min • pour 6 à 8 personnes

1 saladier - 1 fouet
1 spatule - 1 râpe
1 presse-agrume
1 moule à cake
papier sulfurisé

- 40 g de graines de pavot bleu
- 120 g de beurre
- 150 g de sucre en poudre
- 100 g de sucre glace
- 2 œufs
- 180 g de farine
- 1/2 sachet de levure
- 2 cuil. à soupe de crème fraîche liquide
- 2 citrons verts

1 Préchauffez le four à 180 °C (th. 6). Faites fondre le beurre et mélangez-le avec le sucre en poudre. Ajoutez les œufs, la crème et fouettez vivement.

2 Lavez, séchez 1 citron et râpez son zeste au-dessus de la pâte. Mettez alors la farine, la levure, le pavot et mélangez jusqu'à obtenir une pâte homogène.

3 Versez dans un moule. Enfournez pour 35 minutes environ.

4 Sortez le cake du four, laissez-le tiédir 5 minutes dans le moule. Pendant ce temps, préparez le glaçage. Pressez le jus des 2 citrons puis mélangez-en les 3/4 avec le sucre glace. Démoulez le cake, déposez-le sur une grille recouverte de papier sulfurisé et versez le glaçage sur le cake. Laissez refroidir.

truc de cuisinier

Les citrons verts n'ont pas beaucoup de jus en général. Il vous faudra certainement le jus des 2 citrons pour préparer le glaçage.

Cake tatin

bon marché • assez facile à réaliser • préparation : 25 min • cuisson : 45 min • pour 8 personnes

1 saladier
1 fouet
1 spatule
1 casserole
1 moule à cake

- 2 pommes
- 3 œufs
- 150 g de beurre
- 150 g de sucre
- 180 g de farine
- 1 sachet de levure
- 75 g de sucre

1 Préchauffez le four à 210 °C (th. 7). Épluchez les pommes, coupez-les en 4, ôtez le cœur et les pépins. Coupez encore chaque quartier en 2.

2 Préparez un caramel : dans une casserole, déposez les 75 g de sucre et 2 cuillerées à soupe d'eau. Portez à ébullition sur feu vif et lorsque le sucre commence à colorer, mélangez jusqu'à ce qu'il prenne une belle couleur dorée. Versez-le immédiatement dans le moule à cake. Ajoutez les pommes sur le caramel.

3 Fouettez les œufs avec le lait et le sucre. Ajoutez la farine et la levure, fouettez vivement. Faites fondre le beurre puis versez-le dans la pâte. Mélangez une dernière fois.

4 Versez la pâte sur les pommes dans le moule et glissez-le au four pour 35 minutes environ.

truc de cuisinier

Préférez des pommes qui se tiennent à la cuisson type reinette du Canada, reine des reinettes, golden. Servez avec une belle cuillère de crème fraîche ou une glace vanille.

Index

Infos mesures

	Farine	Sucre	Liqueur	Fécule	Vin/eau
1 cuil. à café rase = 1 teaspoon (tsp)	5 g	6 g	0,5 cl un trait	5 g	0,5 cl
1 cuil. à soupe rase = 1 tablespoon (TBSP) - ½oz	15 g	20 g	1,5 cl	15 g	1,5 cl

Collection mes p'tits Toquades de First

Un maximum de gourmandise pour un prix mini !